Das Buch

»Wenn man die Welt nur noch durch eine milchige Scheibe sieht und kaum noch Licht einfällt, wirken Max' Gedichte wie Glasreiniger auf mich. Ein kleines Gedicht von Max lockt mich aus meinem Kokon der emotionalen Verpuppung und schon sehe ich die Welt wieder in all ihrer Schönheit und Hässlichkeit, in all ihrer Intensität und fühle mich verletzlich, aber lebendig.«
Alli Neumann

»Die Lyrik von Max ist zugleich stark und verletzlich, sarkastisch und einfühlsam – aber immer scharf beobachtet und beinahe peinlich ehrlich. Bei keinem anderen Schreiber habe ich in den letzten Jahren immer und immer wieder gedacht: Verdammt, das hätte ich auch gern geschrieben.«
Casper

»Ich mag keine Gedichte. Nur die von Max Richard Leßmann.«
Ina Müller

Der Autor

Max Richard Leßmann ist Sänger, Podcaster und Dichter. Im Jahr 2017 veröffentlichte er sein erstes Soloalbum mit dem Titel »Liebe in Zeiten der Follower«. Aus den gelegentlichen Gedichten auf Instagram wurden nun seit fast vier Jahren tägliche Veröffentlichungen. Max Richard Leßmann ist 30 Jahre alt, in Husum an der Nordsee aufgewachsen und lebt und arbeitet heute in Berlin.

Max Richard Leßmann

*Liebe in Zeiten
der Follower*

Kiepenheuer & Witsch

Für Leni

Dieses Buch ist eine Sammlung der mir liebsten Gedichte, die ich in den letzten Jahren über soziale Netzwerke veröffentlicht habe. Dass sie jetzt endlich auch auf echtem Papier abgedruckt sind, habe ich all den Menschen zu verdanken, die mich täglich lesen, fühlen und verstehen.

Wenn dieses Buch erscheint, werde ich seit fast vier Jahren täglich ein Gedicht auf Instagram veröffentlicht haben. Und solange es dich, mich und das Internet gibt, höre ich auch so schnell nicht mehr damit auf.

Trau keinem

Ohne Augenringe

Keinem ohne Träume

Niemandem

Dem nicht ein Mensch

Mehr als die Welt bedeutet

Trau denen

Die die Dunkelheit

Zwischen den Tagen kennen

Und trotzdem nicht müde werden

Lichterloh zu brennen

Denen, die an Liebe glauben

Und sie neu entfachen

Und die dort

Wo's keine gibt

Einfach welche machen

Die Angst

Verhält sich toxisch

Sie versperrt dir jede Tür

Sie sagt, sie will dich schützen

Doch wer schützt dich

Dann vor ihr

Die Nachrichten, die wir nie schrieben

Weil wir dachten wir sind zu verschieden

Wären wir Menschen

Nur schlechter im Denken

Wir wären so gut im Verlieben

Auf kurze Momente der Nähe

Folgt mehr als ein Jahr auf Distanz

Erst fehlen uns manchmal die Worte

Und später fehl'n wir uns dann ganz

Ich habe
Jeden Tag geträumt
Nur dann nicht
Wenn ich schlief
Ich nenn es wild
Und hoffnungsvoll
Sie nennen es naiv

Wer Sehnsucht hat

Der wird sie immer kennen

Denn die liebe Sehnsucht

Löst nichts ab

Sie bleibt in uns

Ein unstillbares Brennen

Wer Sehnsucht hat

Dem gibt sie stets den Takt

Für manchen ist es

Sehnsucht nach der Ferne

Doch keine Ferne

Ist ihr jemals fern genug

So schauen wir

Bei Nacht bis in die Sterne

Da lächelt sie und sagt

So ist es gut

Ich kann nicht schlafen
Es ist nicht deinetwegen
Wirklich nicht
Ich hab es nur verlernt
Das kann passieren
Ich hab das mal gelesen
Nicht wegen dir
Dich hab ich ja nur gern

In uns beiden

Wohnen die gleichen Gespenster

Man konnte sie in unseren Augen sehen

Sie standen da

Als stünden sie am Fenster

Und sahen Menschen zu

Sie ständig missverstehen

Doch seit die beiden

Sich nun endlich kennen

Winken sie sich manchmal heimlich zu

In uns beiden wohnen die gleichen Gespenster

Und niemand kann sie seh'n

Nur ich und du

Du bist ein Walfisch
In einem Goldfisch-Glas
Und du sehnst dich so sehr
Nach dem Ozean
Der so dunkel ist und wild
Endlich deinen Hunger stillt
Nach Lust und Wind
Und Wahnsinn und Gefahr
Nur manchmal
Hast du Angst
Dass du gar nicht
Schwimmen kannst
Dann wirst du plötzlich müde
Blass und still
Sagst:
»Dieses Glas ist etwas klein
Doch hier passe ich hinein
Wer weiß schon
Ob mich sonst wo jemand will«

In deinen Augen

Wohnen wilde Wellen

Mit stolzen weißen Kronen

Und es scheint

Als suchten sie nach Klippen

Zum Zerschellen

Und auf der Welt

Will ich nichts lieber sein

Ich dachte oft
Es geht nicht weiter
Doch es ging schon irgendwie
Denn wo ein Reim ist
Folgt ein zweiter
Im Leben und der Poesie

Der größte Akt

Des Widerstands

Ist in diesen Tagen

Neben Liebe zu sich selbst

Vor nichts mehr Angst zu haben

Die meisten Menschen

Die du kennst

Von denen du dir heimlich denkst

Die sind viel glücklicher als ich

Denken das Gleiche

Über dich

Ich seh' in deine Seele
Und du siehst in meine
Egal wie klug ich rede
Egal wie sehr ich weine
Von allen meinen Herzen
Ist eins am rechten Fleck
Du siehst in meine Seele
Und du schaust nicht weg

Man findet Glück

An vielen Orten

Im Bett

Am Meer

Und in der Stadt

Doch niemand fand

Sein Glück je wieder

Dort wo er es verloren hat

Wenn wir uns küssen
Nach einsamen Tagen
Mit knurrenden Herzen
Und Löchern im Magen
Mit Sehnen und Tränen
Und rosigen Wangen
Fühlt es sich fast wie
Das erste Mal an

Du magst es
Wenn ich traurig klinge
Ich liebe deine Augenringe
Und alle ihre Farben
Und deine so vertraute Stimme
Wenn ich zu weit
Nach draußen schwimme
Kennt immer meinen Namen

Die traurigen Kinder

Die in uns wohnen

Weinen, wenn wir meinen

Sie wären Dämonen

Wir ziehen in dein Lieblingsbuch
Und gehen dort spazieren
Vorbei an jedem klugen Satz
Solange bis wir frieren
Und immer, wenn der Mond aufgeht
Genießen wir die Aussicht
Wir ziehen in dein Lieblingsbuch
Meins ist viel zu traurig

Wir kommen
Ein Zuhaus zu finden
Leben, lieben
Und verschwinden
Manche ohne Spuren
Wir kommen
Um erkannt zu werden
Doch seh'n die meisten
Bis wir sterben
Von uns nur die Konturen

Sag mir

Was du gerade denkst

Ich möchte alles wissen

Dann machen wir

Die Nacht zur Nacht

Was zwischen

Unsre Küsse passt

Das schreist du

In mein Kissen

Auch wir
Werden zerbrechen
Wir fallen doch so gern
Werden heute nah sein
Und übermorgen fern
Doch bis wir die Welt verlassen
Und dann anderswo spazieren
Will ich mit dir für immer
Unsre Liebe reparieren

Ich hab dich
Immer schon vermisst
Bevor ich wusste
Wer du bist

Weißt du

Dass ich dir gehöre

Weil wir zwei verloren war'n

Wusst' nicht, was zu Hause sein soll

Fand es dann in deinem Arm

Wir waren Wilde

Sind es noch

Unser Hunger hört nie auf

Weißt du

Dass ich dir gehöre

Du kennst dieses Knurren auch

Diese Neugier, dieses Fieber

Dieses Zittern ohne Grund

Ich küsse deine schönen Füße

Du küsst gierig meinen Mund

Du bist mehr

Als ich je wollte

Können eins sein oder zwei

Weißt du

Dass ich dir gehöre

Nicht mal allein

War ich so frei

In meiner alten Heimatstadt

Reißen sie Gebäude ab

Die dort für immer standen

Und meine alten Freunde

Trotz jedem Schwur der Treue

Wurden, so wie ich

Nur zu Bekannten

Ich will dir nah sein
Näher als nah
Das Laken ist warm
So als wärst du noch da
Ich bin verschwommen
Werd im Gegenlicht klar
Jedes Kissen der Welt
Duftet nach deinem Haar

Ich wollte mich melden
Und hab's nicht getan
Auch du wolltest
Mich dringend treffen
Wir wollten was machen
Jetzt machen wir was:
Uns gegenseitig vergessen

Ohne dich
Danke ich jeder Sekunde
Die endlich für mich verstreicht
Mit dir reichen mir
Keine zehn Leben
Und ohne dich will ich
Nicht eins

Man sagte uns

Wenn wir nur brennen

Für etwas, dann wird alles gut

Wir kommen ins Leben

Mit wenig zu geben

Als zwei kleinen Händen voll Glut

Wir setzen uns also in Flammen

Und lernen das Stechen zu lieben

Und jede Warnung, von wem sie kommt

Halten wir für übertrieben

Denn wenn dir das Feuerholz ausgeht

Dann legst du von irgendwo nach

Von wo genau

Das kannst du nicht sagen

Denn in dir liegt längst alles brach

Du brennst für ein glückliches Ende

Doch entweder endet es nie

Oder es endet mit Ruß an den Schläfen

Und Brandblasen

In Therapie

Wenn jemand immer bei dir war
In Glück und Leid und Krisen
Wäre das kein guter Grund
Ihn aufrichtig zu lieben
Weil ihr euch nach jedem Streit
Wieder zusammenrauft
Und er dir nach Feierabend
Kaltgetränke kauft
Er dich aber auch erinnert
Wenn du zu viel trinkst
Und sich herzlich mit dir freut
Wenn du beim Skat gewinnst
Du denkst vielleicht
So einen Menschen
Gibt's nicht auf der Welt
Den gibt es schon
Du kennst ihn gut
Es bist und bleibst du selbst

Wenn Menschen

Ein Zuhause sind

Dann sag mir doch mal schnell

Für wie viele Menschen

War ich dann schon

Ein Hotel

Liebe in Gedanken

Ist ein eingesperrtes Tier

Das ewig auf und ab geht hinter Gittern

Wenn du deine Liebe liebst

Dann lass sie raus aus dir

Ansonsten werdet ihr

Beide verbittern

Auf Fotos von früher
Sehe ich glücklich aus
Denn vieles war mir
Noch nicht klar
Zum Beispiel fiel mir
Oft erst viel später auf
Wie traurig ich damals schon war

Ich glaube
Dir bricht gerade
Gar nicht das Herz
Und was du da fühlst
Ist nur Wachstumsschmerz

Solange wir selbst uns

Für wertlos halten

Wird scheinbares Desinteresse

Uns immer mehr anziehen

Als aufrichtige Zuneigung

Worte können

Wunden schlagen

Vergebung sein

Und Danke sagen

Ohne Angst

Dein Herz anfassen

Tränen machen

Lust und Lachen

Worte helfen

Mir fast täglich

Manchmal besser

Als Tabletten

Worten ist fast alles möglich

Worte können

Leben retten

Optimist zu sein

Kann manchmal zwar bedeuten

Man wird getäuscht

Vom ersten schönen Schein

Doch der Pessimist

Entscheidet währenddessen

Um nicht enttäuscht zu werden

Gleich enttäuscht zu sein

Wenn dich jemand fragt
Was du später mal machst
Sag immer nur:
Liebe

Bevor du kamst
Hatte ich oft
Heimweh
Ohne Heimat

Ich weiß

Jetzt ist es

Eh zu spät

Doch mach dir

Keinen Kopf

Denn keiner weiß

Wie »Leben« geht

Und wir tun es doch

Und du bist
Trotzdem
Immer noch
Mein häufigster Gedanke

Du darfst

Immer traurig sein

Selbst wenn du alles hast

Und du wirst

Sehr, sehr glücklich sein

Selbst wenn dir

Etwas fehlt

Du bist
Viel schöner
Als auf Instagram

Wir reden zu leise
Wir leben zu laut
Erst geben wir alles
Dann geben wir auf
Wir blicken ins Feuer
Mit leuchtenden Augen
Wir sind so bescheuert
An Liebe zu glauben
Wir sind die Kaputten
Die nicht funktionieren
Doch wir komm'n auf die Welt
Um sie zu reparieren

Am Ende zählt

Doch nur die Frage

Wofür schlägt dein Herz

Wer liebt

Hat manchmal Schmerzen

Wer nicht liebt

Ist nur Schmerz

Verlier ruhig die Hoffnung
Sie findet dich wieder
Wie ein sanftes treues Tier
Streift sie durch das ganze Land
Sucht dich und steht irgendwann
Stolz und schnurrend vor der Tür
Und sie streift dir um die Beine
Legt sich weich in deinen Schoß
Du wirst wissen, was ich meine
Deine Hoffnung ist nur deine
Und sie lässt dich niemals los

Hey
Ich hab dich
Nicht vergessen
Auch wenn ich nur selten schreib

Ich habe Angst

Vor strukturlosen Tagen

Ich habe Angst vor Struktur

Ich habe Angst, etwas Falsches zu sagen

Bin immer knapp neben der Spur

Ich fürchte mich vor deiner Nähe

Noch mehr nur vor deiner Distanz

Und irgendwo in meiner Seele

Wohnt Angst vor der Angst vor der Angst

An manchen Tagen

Fällt es schwer zu existieren

An anderen fällt alles federleicht

Du kannst niemanden zwingen

Dich zu lieben

Auch dich selbst nicht

Gib dir Platz

Und gib dir Zeit

Wenn deine Küsse

Süß schmecken

Nach Lust und Pistazieneis

Die Nachbarn uns hören

Durchs offene Fenster

Dann ist wieder Sommer

Ich weiß

Hass dich
Nicht dafür
Dass du dich
Noch nicht liebst

Sag

Warum merke ich

Glück erst so spät

Und Traurigkeit immer sofort

Wie viel hast du nie gesagt
Oder nur mit Blicken
Wie viele hast du schon geliebt
Die davon gar nichts wissen

Es hat eine Weile gedauert

Bis ich es schließlich verstand

Wenn ich mein Leben nicht änder'

Dann ändert es mich irgendwann

Lasst uns auch mit hundert Jahren

Eines nicht vergessen

Wir konnten tanzen

Lang vorm Gehen

Und sangen

Lang vorm Sprechen

Du willst wissen, wie's mir geht
Auch wenn ich nichts erzähle
Die Farbe meiner Augenringe
Ist die meiner Seele

Leg dich doch

Ein wenig zu mir

Deine Haut auf meine Haut

Schlaflos träumen

Traumlos schlafen

Und du darfst mir alles sagen

Ohne dass es Worte braucht

Wer dich nur liebt

Wenn du seinen

Erwartungen entsprichst

Liebt dich nicht

Du bist
Nicht zu viel
Die andern
Fühlen nur zu wenig

Du bist seltsam
Ich mag dich

Stell dir vor
Es ist Liebe
Und jede:r geht hin

Herz

Wer bist du

Was vermisst du

Was zerbricht dich

Ist dir wichtig

Dass ich immer auf dich höre

Weinst du

Wenn ich dich zerstöre

Und kann es sein

Solang du schlägst

Dass dir immer

Etwas fehlt

Am Tag als du gingst

War die Welt plötzlich leiser

Auch etwas in mir ist verstummt

Doch meine Liebe für dich

Die lebt weiter

Und unter dem Schwarz

Trag ich bunt

Hätte ich
Dich nie kennengelernt
Hätte ich
Mich nie kennengelernt

Hey

Ich vermiss dich

Küss mich bald wieder

Verzeih mir

Erzähl mir von dir

Lass uns verstecken

In Träumen und Betten

War weit weg

Wär gern wieder hier

Versteh dich

Versteh mich

Zieh mich aus

Zieh mich an, nackt

Sag kitschige Sachen

Und unser Lachen

Hält uns zwei

Noch für immer wach

Du bist ungestüm und wild
Bist vorlaut und verlegen
Dein Lachen riecht nach Sonnenschein
Und deine Haut nach Regen
Du passt nicht recht in diese Welt
In keins von ihren Labeln
Ich habe dich nicht trotzdem lieb
Ich liebe dich deswegen

Auch wenn du
Gerade wütend bist
Und sicher einen Grund hast
Mach dein Leben nicht kaputt
Nur weil es dich
Manchmal kaputtmacht

Ich würde gerne mit dir schlafen
Wach sein wäre auch nicht schlecht
Die Nachtluft heiß wie unser Atem
Und die Stadt ein Himmelbett
Ich auch, sagst du
Doch es ist Herbst
Der Sommer stirbt in deinem Blick
Doch wenn wir die Nacht belügen
Lachend aufeinanderliegen
Kommt er kurz zu uns zurück

Weiß nicht
Wie du dich jemals
Ganz entfalten willst
Wenn du dich jeden Tag
Zusammenknüllst

Ich will alles
Alles spüren
Liebe, Sex und Angst
Ich hab mich niemals ausgelebt
Ich leb mich grad erst an

Verrate
Niemals dich selbst
Nur um anderen
Treu zu bleiben

Würden mehr Leute

Eine Therapie machen

Müssten weniger Leute

Eine Therapie machen

Denkst du heimlich

Noch an mich

Und willst es keinem sagen

Denkst du an die kurze Zeit

Wo wir unendlich waren

Hörst du ein Lied

Summst leise mit

So wie in alten Tagen

Und denkst dann heimlich

Noch an mich

Das wollt ich

Nur kurz fragen

Wie oft
Warst du glücklich
Und hast es
Nicht bemerkt

Ich möchte nichts sagen
Nur fühlen
Nichts wissen
Drück mich einfach
In dein Kissen

Mach dir keine Sorgen, Herz
Mach lieber schöne Sachen
Mach dir einen lauen Lenz
Mach dir ein lautes Lachen
Mach es dir beizeiten selbst
Und manchmal andern Leuten
Mach dir deine eigene Welt
Mach Dinge, die bedeuten
Mach Lärm und Liebe
Quatsch und Sinn
Doch mach dich niemals klein
Und mach dir keine Sorgen, Herz
Die kommen von allein

Ich möchte gerade

Nicht so gerne reden

Doch vielleicht kommst du

Trotzdem zu Besuch

Dann kannst du, wenn du willst

Gedanken lesen

Das kann nämlich kein Mensch

So gut wie du

Wenn du dich fragst

In stillen Stunden

Ob du je zufrieden bist

Denk an die Zeit

Als du dir wünschtest

Was du heute längst besitzt

Du reichst

Nicht nur so gerade eben

Du bist rundherum mehr als genug

Bist es wirklich immer schon gewesen

Und dir steht alles Glück der Erde zu

Wir waren Fremde

Dann Vertraute

Stunden nur

Als niemand schaute

Hielten wir uns in den Armen

Du nanntest mich

Bei deinem Namen

Küssten hart

Und küssten weich

Worte schwer

Und Lachen leicht

Trugen Wunden

Stolz wie Krieger

Waren Fremde

Sind es wieder

Vergiss

Wer du gerne wärst

Erinnere dich

Wer du gerne bist

Ich werd noch
Über tausend Fehler machen
Mich tausend
Und noch einmal mehr verlier'n
Am Ende will ich über all das lachen
Und dass du dann noch Heimweh hast
Nach mir

Überrede

Keinen Menschen

Je zum Bleiben

Wer jetzt nicht geht

Tut's irgendwann bestimmt

Und manche Seelen

Müssen eben noch verreisen

Bevor sie wissen

Wo sie ganz zu Hause sind

Dein Fell ist Milchreis

Mit 'ner Prise Zimt und Zucker

Deine Augen sind aus

Bernstein-Karamell

Und wird die Welt um mich

Mal wieder etwas dunkler

Ein feuchter Nasenstupser reicht

Und es wird hell

Deine Ohren sind

Zwei große Pommes-Tüten

Deine Pfoten tanzen Stepp

Auf dem Parkett

Wenn wir spazieren geh'n
Dann riechst du sanft an Blüten
Auf deiner Nase
Ist ein frecher Schönheitsfleck
Du machst ein Zuhause
Aus vier Wänden
Es hallt in meinem Herzen
Wenn du bellst
Hunde sind bestimmt
Die bessren Menschen
Und du vielleicht
Der beste Mensch der Welt

Ich hoffe sehr
Mir geht es gut
Ich hab mich lang
Nicht mehr gefragt

Für jeden Winter
Der noch kommt
Blüht einmal auch der Flieder
Und auf Verzweiflung folgt stets Mut
Es wird nicht erst am Ende gut
Sondern immer wieder

Hey du
Ich mag dein Herz

Uns sollten

Keine Menschen reichen

Die uns das Gefühl geben

Nicht genug zu sein

Bin müde
Doch kann jede Nacht nicht schlafen
Will Liebe
Aber kann sie nicht ertragen
Nerven dünn wie Papier
Wenn es laut wird in mir
Werd ich stumm
Ich bin so traurig
Dass ich nicht mal weiß warum

Es ist nur wichtig, wo wir steh'n
Nicht wichtig, wo wir standen
Das Leben ist nur jetzt, nur jetzt
Der Rest sind nur Gedanken

Die Angst

Schwingt immer gerne große Reden

Und schmückt den Horror aus

In vollem Glanz

Der Mut

Ist immer eher still gewesen

Er lächelt dir nur zu

Und sagt: »Du kannst.«

Heut führen wir ein digitales Leben

Es fühlt sich meistens an

Als wär's ein Spiel

Man trifft sich auf der Plattform

Statt am Tresen

So spart man schließlich

Lebenskraft und Spesen

Selbst die Charakterlosen

Haben hier Profil

Wir sagen heute offen, was wir mögen

An Fotos hängen wir ein rotes Herz

Verlieben uns in wilde, fremde Leben

Um feierlich Rabattcodes einzugeben

Was ist ein Mensch

Ganz ohne Likes schon wert

Oft denke ich, erst wieder gerade eben

Die Menschheit ist schon längst im Epilog

Spielt glücklich sein

Und ist es nie gewesen

Heut führen wir ein digitales Leben

Doch Einsamkeit und Angst sind analog

Wir lernten uns kennen
Was wir später verlernten
Doch erst einmal war alles schön
Wir spürten ein Brennen
In uns und wir schwärmten
Uns beiden kann
Gar nichts gescheh'n
Wir waren unendlich
Bis gestern wer fragte
Ob wir heute noch Freunde sind
So nach all den Jahren
Da kam ich ins Stottern
Und sagte dann traurig
»Bestimmt.«

Heute bin ich glücklich
Und weiß gar nicht warum
Schließlich bin ich
Immer noch nicht reich
Ich habe weder Kaviar
Noch Trüffelcreme im Mund
Kein Zifferblatt aus Gold
Verrät die Zeit
Ich habe auf dem Walk of Fame
Noch lange keinen Stern
Und optisch bin ich keine 10 von 10
Warum ich trotzdem glücklich bin
Kann ich mir nicht erklär'n
Es tut mir leid
War sicher ein Versehen

Während sich

Menschen verbiegen

Damit andere Menschen sie lieben

Sind genauso diese Menschen

In inneren Kämpfen

Und auch mit sich selbst unzufrieden

Kunst ist nicht wichtig

Man kann sie nicht messen

Man kann sie nicht wiegen

Man kann sie nicht essen

Man kann sie vergessen

Doch darf sich nicht wundern

Wenn ohne sie

Alle Herzen verhungern

Bist du glücklich
Frage ich dich
Und du sagst
Ich weiß nicht
Die guten Gedanken
Sind manchmal so träge
Die schlechten sind
Immer so fleißig

Wahrscheinlich ist
Der Sinn des Lebens
Selbst genau der Mensch zu werden
Mit dem man sein Leben lang
Zusammenbleiben möchte

Solang wir
Uns vergleichen
Werden wir
Uns niemals reichen

Ich will dich nicht besitzen
Ich kann dich nicht befreien
Ich will dich nicht verpflichten
Verliebt in mich zu sein
Ich möchte nicht bewerten
Wie du deinen Hunger stillst
Ich möchte, dass du glücklich bist
Auf die Art, die du willst

Ein Bett ist nur ein Bett
Wenn du an meiner
Schulter liegst
Kein Ort der Welt
Ist ohne dich ein Heim
Ich war schon
Vor dem ersten Blick
Sofort in dich verliebt
Und werd's auch
Nach dem letzten
Immer sein

Würdest du das

Was du dir selbst vorwirfst

Jemandem sagen

Den du liebst

Und würdest du jemanden lieben

Der dir jeden Tag

Solche Vorwürfe macht

Die meisten Menschen

Sind so damit beschäftigt

Glücklich zu werden

Dass sie vergessen

Es zu sein

Schreib mir

Wenn du einsam bist

Schreib mir

Wenn du mich vermisst

Vielleicht mit mir zu lachen

Schreib mir

Dumme Sachen

Schreib mir

Was du gerade denkst

Schreib mir

Wenn du mich erkennst

In Liedern, die wir liebten

Schreib

Von deinen Krisen

Schreib mir

Einfach nur mal so

Egal ob traurig oder froh

Vielleicht geh'n wir was essen

Schreib mir

Bitte schreib mir doch

Was du willst und denkst

Und hoffst

Bevor wir uns vergessen

Ganz egal
Wie es dir geht
Wenn du das liest
Ist nichts zu spät

Ich schau in meinem Handy nach
Wie viel bin ich noch wert
Werde ich beachtet
Sag schon, werde ich begehrt
Und wenn mir gerade niemand schreibt
Dass er mich braucht und liebt
Wie kann ich mir dann sicher sein
Ob es mich wirklich gibt

Es wird immer

Mindestens einen Menschen geben

Der dich überhaupt nicht mag

Stell bitte nur sicher

Dass du es nicht selbst bist

Rette
Dich selbst
Und du rettest
Die Welt

Diese Straße

War einmal mein Zuhause

Manche Leute laufen

Heute noch hier rum

Der Mann, bei dem ich eine Cola kaufe

Sagt »Lang nicht mehr geseh'n«

Fragt nicht warum

Ein paar Läden haben andere Besitzer

Die schöne Nachbarin

Hat schon ihr zweites Kind

Fühlt sich kurz an

Als ob es erst vorhin war

Dass wir für immer hier verschwunden sind

Wir wollten hier so gerne glücklich werden
Und sind es dann
Ganz anderswo geworden
Ich zumindest sehr, du sicher auch noch
Ich weiß doch
Um dich muss man sich nicht sorgen
Ein Hund bellt
Und ich steige auf mein Fahrrad
Ich drehe langsam einen letzten Bogen
Seh' noch einmal hoch
Zu meinem alten Schlafplatz
Dann bin ich wieder
Unbekannt verzogen

Wir rufen uns

Heut nicht mehr an

Kennst du noch meine Stimme

Ich kannte früher

Keinen mehr als dich

Auch wenn ich heute

Hier von uns

Nicht mal mehr Spuren finde

Wir waren doch mal wirklich

Oder nicht?

Der Mensch
Der sich die Angst erdachte
Schaute sich sein Werk an, lachte
Und sprach
Ich hoff, es fällt nicht auf
Dass sie nur wirkt
Wenn man dran glaubt

Wie viele dieser Nächte

Werden wir noch haben

Die ewig scheinen

Bis sie plötzlich enden

Frag, ob ich noch was möchte

Und ich werd entschlossen sagen

Für immer will ich mich

Mit dir verschwenden

Ich lieb

Mein ganzes Leben schon

Diesen einen Menschen

Aber meistens schmerzt es mich

Auch nur an ihn zu denken

Denn wir könnten so glücklich sein

Doch er zerstört mein Glück

Ich lieb den Mann im Spiegel sehr

Doch er mich nicht zurück

Für wen du

In der Dunkelheit

Dein wildes Herz versteckst

Manche Worte sind

Ihr Leben lang geheim

Für wen du

Wie verdurstend

Deine schönen Lippen leckst

Und niemand auf der Welt sonst

Will ich sein

Der einzige Zweifel

Der glücklicher macht

Ist der Zweifel

Ob Zweifeln

Dich glücklicher macht

Ich kenn niemanden wie mich

Doch bin mir meist ein Fremder

Ich bin genau der, der ich bin

Und nebenbei ein Blender

Bin Kind und tausend Jahre alt

Bin Zwietracht und Zusammenhalt

Bin harter Sex und Schmusen

Ich bin bedingungslose Liebe

Ich bin harte, kalte Triebe

Ich bin albern, ich bin streng

Ich bin Bruder, Sohn, Cousin

Enkelkind und Ehemann

Bin das, was man nicht sehen kann

Und das, was offensichtlich ist

Bin guter Junge

Schlechter Christ

Und denke

Ich bleib immer gleich

Bevor ich mich veränder'

Es gibt so viele Ichs in mir

Wie Tage im Kalender

Du schreibst mir nicht
Und ich dir auch nicht
Mal macht es nichts
Mal macht es traurig
Mich zumindest
Dich denn auch?
Wann gingen uns
Die Worte aus

Die anderen
Sind alle glücklich
Ich auch nicht

Du fragst mich was ich werden will
Da fiele mir so manches ein
Am liebsten würde ich ein Schatten
Unter deinen Augen sein
Dann das Rot in deinen Wangen
Dann der Sturm in deinem Blick
Dein aller heimlichstes Verlangen
Und wenn ich darf sogar
Dein Glück

Könnte ich wer anders sein

Schöner oder klüger

Hätte mich der Rest der Welt

Sicher etwas lieber

Doch ich tausche mich nicht ein

In hundert Jahren nicht

Denn du liebst ja nicht irgendwen

Du liebst ja schließlich mich

Nach Tagen am Meer

Und ich liebe dich sehr

In einem Haus in den Dünen

Liegen wir müde, satt und zufrieden

Hinter geblümten Gardinen

Sand zwischen den Zehen

Ich will noch nicht gehen

Wir bleiben und machen ein Kind

Ich dachte niemand

Würde mich je verstehen

Wir heulen vor Glück

Wie der Wind

Bevor
Ich dich
Kannte
War ich gerne
Allein

Kinder wissen mehr als ganze Menschen
Sie kennen nämlich noch die Fantasie
Und glauben nicht an Unterschied und Grenzen
Doch zu unserm Glück erzieht man sie
Sonst würden sie vielleicht noch etwas ändern
Und kämen höchstwahrscheinlich auf Ideen
Mit denen sie nur Lebenszeit verplempern
Doch davor schützt sie ja unser System

In Husum fängt der Himmel an
Der Wind und auch das Meer
Und jede Möwe auf der Welt
Kommt bestimmt hierher
Mein Husum macht das Wellenspiel
Für alle Ozeane
Und wenn die Wolken Trauer tragen
Kommt von hier die Farbe
In Husum fällt der Regen sanft
Auf Tage aus Papier
In Husum fängt der Himmel an
Und er endet hier

Da, wo die Worte fehlen

Ist Schweigen auch nicht besser

Liegt Stille spitz an Kehlen

Wie ein Schweizer Taschenmesser

Je länger wir so schweigen

Schneidet sie noch tiefer

Und immer mehr wird mir bewusst

Wir kannten mal einen

Der hätte jetzt sicher

Was Kluges zu sagen gewusst

Mach dir Illusionen
Und schlag über die Stränge
Nimm deinen Mund zu voll
So oft es geht
Wir werden niemals glücklich sein
Wenn wir für gar nichts brennen
Für nichts, wovon du träumst
Ist es zu spät

Hinter deinen wundersamen Augen
Ringen Mut und Scham
Ein Leben lang
Mutig trittst du jeden Tag nach draußen
Und schämst dich
Wo dich niemand sehen kann
Im weißen Ozean liegt die Pupille
Wie ein noch unentdeckter Kontinent
Zwischen deinen Worten wilde Stille
Von einem Ort
Wo Sehnsucht schamlos brennt

Ich frag dich
Bis wann liebst du mich
Da lachst du und sagst
Ewig
Denn echte Liebe ändert sich
Erst schwärmt man nur
Dann kennt man sich
Aber sie vergeht nicht

Vergiss nicht
All die wunderschönen Dinge
Die trotzdem jeden Tag
Um uns passier'n

Wenn du mich jetzt

Wieder vergisst

Wär das gar nicht schlimm

Dann wusstest du

Ja wenigstens

Mal ganz kurz

Wer ich bin

Genau die Menschen

Die sich oft so schwach fühlen

Sind die allerstärksten

Die ich kenne

Ich will dir

Einen Knutschfleck machen

Direkt unters Herz

Und immer, wenn ich an dich denke

Hoff ich, dass du's merkst

Heisere Stimmen

Sagen die Wahrheit

Menschen, die weinen

Sind frei und schön

Nach der Verzweiflung

Folgt große Klarheit

Weil Augen mit dunklen Schatten

Mehr sehen

Unser Glück

Ist so zerbrechlich

Halt es besser nicht zu fest

Wir sind alle so vergesslich

Kopf im Gestern

Heute hektisch

Und vergessen so das Jetzt

Küss mich
Nur ganz kurz
Für immer

Hätte jemand den du liebst
All die Dinge durchgemacht
All die dunkelschwarzen Tage
Mutig hinter sich gebracht
All die Zweifel überstanden
Die noch täglich an dir zieh'n
Was dächtest du von diesem Menschen
Wärest du nicht stolz auf ihn

Verlass die Oberfläche
Geh ein Stückchen tiefer
Verletzlichkeit
Macht dich unbesiegbar

Wir waren nie Freunde
Und ich dachte immer
Schon so viele Jahre
Es läge an mir
Ich wäre zu vorlaut
Zu stürmisch und unreif
Zu wenig wie du
Und für immer zu viel
Ich hab mich geschämt
Weil ich mich nie melde
Und kaum noch bemerkt
Das du's auch niemals tust

Ich lernte dich kennen
Mit offenem Herzen
Verließ dich blockiert von Tabus
Alles, was du zu mir sagtest
Ein Vorwurf als Ratschlag maskiert
Dein Neid wurde in mir zu Zweifel
Dein Selbsthass lebt weiter in mir
Wenn ich an dich denke
Werde ich traurig
Denn Wut fällt mir immer noch schwer
Wir waren nie Freunde
Das weiß ich erst heute
Und Gott sei Dank sind wir's nicht mehr

Lass uns lieber

Naiv sein als zynisch

Blauäugig statt hart und kalt

Lieber in letzter Sekunde noch glauben

Dass man fliegen kann

Kurz vorm Asphalt

Hoffnung hält Träume am Leben

Steh lachend mit dir im Gewitter

Du küsst mich

Und schreist in den Regen

Ich will lieber

Naiv sein als bitter

Ich kann dich nicht verlieren
Auch nicht, wenn du gehst
Ich werde nie vergessen
Wie du aussiehst, wenn du schläfst
Wie's klingt, wenn du mal wütend bist
Oder du herzlich lachst
Die Träume, die du mir erzählst
Wenn du bei Nacht aufwachst
Deine Hand in meiner Hand
Dein Kopf auf meiner Brust
Dass man so sehr lieben kann
Hab ich gar nicht gewusst
Wie du zu jeder Tageszeit
Am liebsten Softeis isst
Das kann ich nicht verlieren
Ganz gleich, wo du auch bist

Hab keine Angst

Verletzt zu werden

Denn wer lebt, der wird verletzt

Auch wer liebt und wer vergibt

Wird verlassen und verlässt

Doch alles

Was mir Schmerzen brachte

War oft auch wild

Und wunderschön

Und lieber als in Watte leben

Will ich darin untergehen

Ich hoff
Du findest deine große Liebe
Sonst ist es nämlich
Wirklich einsam hier
Mit ihr schaffst du es
Auch durch die schlimmste Krise
Ich hoff so sehr
Du findest sie
In dir

Weißt du
Ich kenn das
Es tut immer noch weh
Aber alles wird gut
Und der Rest wird okay

3. Auflage 2025

© 2022, Verlag Kiepenheuer & Witsch, Köln
Alle Rechte vorbehalten
Covergestaltung FAVORITBUERO, München
Covermotiv © Shutterstock
Gesetzt aus der Garamond Premier Pro
Satz Wilhelm Vornehm, München
Druck und Bindung CPI books GmbH, Leck

ISBN 978-3-462-00403-8